# 錫蘭島 スリランカ

*The Bridge of Culture*

vol. 01 セレンディピティに出会う

# はじめに

スリランカの歴史、自然、風景、文化、
慈愛に満ちた人々との出会いは
日本人に心の豊かさを思い出させてくれます。

日本からの観光、技術協力、人やモノの交流は
素晴らしい国づくりに目を輝かせる
スリランカの人の力強い支えになるでしょう。

感謝し、感謝しあう。尊敬し、尊敬しあう。

戦争でなにもかも失った日本に、
自由と独立という成長の翼を与えてくれたのは、
スリランカの代表として
講和会議で演説されたジャヤワルダナ氏でした。

心と心のつながりを説かれた
ジャヤワルダナ氏の言葉を忘れることなく、
私は、スリランカと日本の架け橋の
ひとつになりたいと思います。

村上豊彦

# スリランカへのいざない

## 隈研吾
建築家

　スリランカという島には、人と人を結びつける不思議な力があるのかもしれない。

　そもそも、ジェフリー・バワという建築家のことが、気になって仕方がなかった。20世紀から21世紀へという建築デザインの転換点において、スリランカの建築家が大きな役割を果たしたように感じたからである。

　工業化の時代であった20世紀は、コンクリートと鉄の、モダニズム建築によって支配された。バワの建築には工業化で疲れ切った人々を癒す力が感じられた。そしてその力は、スリランカという場所とも、深く関わっているように感じられた。

　20世紀後半、現代建築は大きな転機を迎えた。20世紀前半にモダニズムと呼ばれるスタイルの、機能的建築が、世界を席巻した。このスタイルは効率化最優先の工業化社会にぴったりであったが、ポスト工業化社会の新しい時代は新しいスタイルの建築を探していた。1980年代にはポストモダニズム建築と呼ばれる新しいスタイルが登場したが、古代ギリシャ・ローマの建築の模倣でしかなく、西欧中心主義のポストモダニズムは、すぐに飽きられてしまった。その空白、その混迷の時に「バワは、なんだかいいね。なんだか、とても癒されるね」という形で、彼の存在が、心ある人達から注目されるようになったのである。

　その島の美しさ、その島の文化の中に、世界を癒す力が秘められているように感じたからである。

　ばんせいグループの村上豊彦会長とお話をしていて、会長がバワの設計したホテルのひとつを所有されているという話を聞いて驚いた。バワの建築は、ほぼバワの財団が所有していると聞いていたからである。村上会長も、スリランカの持つ、不思議な力を感じて、スリランカで様々なビジネスを展開さ

れているようだった。その村上会長から、ダンミカ大使を紹介された。大使とお話をしていて、大使が寅さんシリーズで有名な、山田洋次監督の助監督を務めていたことも知って、また驚いた。

　大使はマスコミュニケーションの研究者として、日本で博士号を取得しておられ、マスコミュニケーションの力で、人をどう癒し、どう救うかをいつも考えておられる。そのやさしい人柄は、スリランカという場所と一体のもののように感じられた。

　ダンミカ大使は山田監督を深く尊敬しておられるが、監督と私は、私が東京の歌舞伎座を設計している時に知り合った。都市に疲れて、組織に疲れた現在の日本人をどのように癒すかが、山田洋次監督の映画を貫くテーマであるように感じた。それはまさに僕が、建築を通じて、達成したいと思いついたことであり、そのためのヒントを、僕はバワからたくさんもらったし、山田監督からももらった。バワと山田洋次と僕とが、ダンミカ大使をピボットにして、つながった。

　その山田監督から、執筆に使われていた神楽坂の小さな木造の旅館がつぶれそうなので、救ってほしいと頼まれた時、村上会長の顔が頭に浮かんだ。山田監督、寅さん、ダンミカ大使、村上会長というふうに、スリランカという島を媒介にして、友情が次々と連鎖したのである。

　僕の直感はあたっていて、村上会長の力と情熱で、その神楽坂の小さな旅館「和可菜」は、再生が決まった。
現代という時代に、あんなに細い路地に面した、ささやかで、しかも暖かい旅館が再生できたのは、奇跡のようでもあるし、必然のようでもあった。スリランカという島が、そんな奇跡を引き起こしてくれたという意味で、それは必然であるように感じられたのである。

　それを可能にしたこの島の不思議な力の正体を知りたいと思った方は、是非この本を読み込んで欲しい。そこには、21世紀のわれわれが、どこに向かったらよいかというヒントが、さりげなく示されている。

7

対談：

# スリランカと日本、
# 縁で結ばれた
# 文化の架け橋を

## ダンミカ・ガンガーナート・ディサーナーヤカ閣下
駐日スリランカ大使

## 村上豊彦
ばんせいグループ会長

### 日本に触れる、スリランカに出会う

**ダンミカ大使**　1984年の冬、スリランカから日本に派遣された「青年の船」代表団の一員として初めて日本を訪れました。26歳でした。飛行機で来日し、東京、京都、島根を巡り、ホームステイを経験し日本の文化・生活に触れることができました。その後、日本の若者と一緒に世界一周の航海へ。その時の心と心の触れあいがきっかけとなって私は日本を深く知りたいと留学を決意したのです。そして文部省の奨学金試験に合格し、筑波大、東海大の大学院で学ぶことができ、日本のことがますます好きになりました。

**村上**　私は、もともと証券会社の社長でしたので国債を扱わせていいただく国を探しておりました。2011年当時、スリランカは内戦が終結した直後で日本の金融会社はどこも入っていなかったのですが、私は訪れてみて最初に「この国は素晴らしい国になる」と確信しました。出会う人の目がキラキラと輝き、国全体が経済成長の活気に満ちた昭和40年代の日本を見ているようなデジャヴを感じたのです。そこでスリランカ中央銀行へ伺い、

私どものばんせい証券がブラジル国債を日本に初めて紹介した実績を示し、日本人がスリランカ国債を購入できるよう枠を広げていただきました。

**ダンミカ大使** 村上さんがおっしゃるように、2011年から現在にかけてスリランカが高度経済成長の時期にあるというのは的を射ています。日本に高速道路ができたのはオリンピックが契機でしょう。いま、スリランカも空港からコロンボ、さらに南へ行く高速道路が造られ、発展を遂げています。

## 先人が結んだ架け橋

**村上** サンフランシスコ講和会議での有名な演説をはじめ、ジャヤワルダナ氏のご尽力によって、日本は列強による分割統治を免れることができました。この大恩を忘れず、ジャヤワルダナ氏に結んでいただいた縁を風化させないよう、両国の間に架け橋をつくっていかなければならないと思っています。

**ダンミカ大使** ジャヤワルダナさんの話の他にも、無数の小さな架け橋が2つの国を結んでいます。日本留学時代、福島県伊達

対談：スリランカと日本、縁で結ばれた文化の架け橋を　**9**

> ジャヤワルダナさんの
> 話の他にも、
> 無数の小さな架け橋が
> 2つの国を結んでいます
> ダンミカ大使

町の方々からご招待を受けたことがあります。伊達町の小学校を訪れるとそこには初代スリランカ大使の碑が立っていました。1953年、修学旅行で上京した伊達町の小学生たちは、偶然ジョギングをしている大使と出会い、邸宅に招かれ、全員に朝食がふるまわれたそうです。その後も大使は生徒たちのことを気にかけ、自費で奨学金を出し、机や椅子やラジオを小学校に寄付されたと聞きました。その時のお礼をしたくて、私たちスリランカの留学生をご招待くださったそうです。
村上　素晴らしいですね。ほんとうに縁ですね。

### 文化の架け橋

**ダンミカ大使**　私は、日本のことが大好きで、日本の文化を理解しようと努めてきました。いま、大使として日本の文化をスリランカの人に少しでも紹介できたらと考えています。
**村上**　ありがとうございます。大使は、漢字もお読みになりますし、日本語が堪能でいらっしゃるだけでなく、日本の心までもよくおわかりです。能をご一緒させていただいたときも日本

> みんな目がキラキラと輝き、
> 経済成長の活気に
> 満ちた昭和40年代の日本を
> 見ているような
> デジャヴを感じたのです
>
> 村上

人以上にお詳しくて驚きました。
**ダンミカ大使** スリランカの劇は、日本の能や歌舞伎の影響を受けています。スリランカの演劇作家が、数十年前に日本で能や歌舞伎を学び、伝統的な古典劇の中にとりいれたのです。
**村上** スリランカには、昔からの文化、世界遺産、美しい大自然があります。私は、金融を通してスリランカの国や人々と関わるうちにスリランカの素晴らしさを日本に伝える架け橋になりたいという思いが強くなっていきました。そんな時にご縁があって、ジェフリー・バワさんがつくられた「クラブ・ヴィラ」という小さなホテルを所有することになったのです。バワさんの意志を受け継ぎながらその魅力を日本に紹介していきたいと考えています。
**ダンミカ大使** ジェフリー・バワの建築はスリランカが世界に誇る文化の1つです。村上さんは、スリランカの伝統医療であるアーユルヴェーダの流れをくむ「スパセイロン」を銀座4丁目の交差点という一等地に出店くださいました。ヨーロッパ・ブランドが並んでいる銀座の中心に、スリランカ生まれの「スパセイロン」のお店があることは大使としてとても嬉しいことです。

ご縁があって、ジェフリー・バワさんが
つくられた「クラブ・ヴィラ」という
小さなホテルを所有することになりました
村上

銀座の中心に、スリランカ生まれの
「スパセイロン」のお店があることは
大使としてとても嬉しいことです
ダンミカ大使

100社を超える日本の会社がスリランカに入っているのですが、日本の文化をスリランカに紹介し、またスリランカの文化を日本に紹介しようという両方に取り組まれている会社はありません。

**村上** 「スパセイロン」は、スリランカのことをよく知らない日本の人々が素敵な文化に触れる入り口に育ってほしいと思っています。スリランカに興味を抱き、日本が豊かな国となった背景にはジャヤワルダナ氏のスピーチがあったことを多くの方々に知っていただけたらと思います。また今回、大使のお力添えのおかげで、スリランカの南西海岸アフンガラに小さな砂浜と入江をもつ素敵な土地がみつかり、私どもで新しくホテルをつくる運びになりました。お礼を申し上げます。設計は日本を代表する建築家の隈研吾先生。お料理は長年懇意にさせていただいている神楽坂「石かわ」さんにお願いしています。日本の建築と食文化をスリランカの方々に知っていただきたいです。

**ダンミカ大使** 私から村上さんに1つお願いがあります。今度つくられるホテルに日本のお人形を飾られてはいかがでしょう。じつはスリランカの有名な歌に「日本のお人形さんのように美しい」という詞があり美人の代名詞になっているのですが、誰

も実物のお人形さんを見たことがないのです。(笑)
**村上** ぜひそうさせていただきます。3月にはお雛様を、5月には男の子の五月人形や鯉のぼりを飾り、日本の節句の文化にも触れていただけるようにしたいと思います。
**ダンミカ大使** 村上さんは、私にとって、心と心が通いあう大切な友達です。お互いにスリランカと日本の文化の架け橋になろうと約束してきました。いずれ大使の任を離れても、村上さんのお力になりたいと思っています。
**村上** 嬉しいお言葉を頂戴し、ありがとうございます。大使は本国の大臣就任の要請を受けられたところを、自ら望まれて日本の大使になられたとお聞きしています。日本の心までもご理解されている大使のような方が架け橋になってくださることに感謝いたします。スリランカと日本のためにできることすべてを私もご支援させていただきます。

2018年1月 東京 銀座 ラウンジセイロンタイムにて

# あなたがいなければ
# 日本の自由はありませんでした

ジュニウス・リチャード・ジャヤワルダナ
Junius Richard Jayewardene

1906年コロンボ生まれ。ロイヤル・カレッジからコロンボ法科大に進み、法律家となる。1951年財務大臣としてサンフランシスコ講和会議に出席。1978年スリランカ大統領に就任。厳格な仏教徒で「仏教の説法」「仏教とマルキシズム」の著作がある。仏教には「現世において一眼を施せば、未来世において成仏の証果を得る」、すなわち天上界に生まれ変わることができるという教えがあり、彼が遺言で自分の角膜を提供したのもその教えに基づくと考えられる。

1951年9月6日、世界51カ国の代表が集まったサンフランシスコ講和会議。戦後の日本を分割統治すべきか独立国として歩ませるか。世界が2つに割れるなかで、スリランカ（当時セイロン）代表として、あなたは壇上に立たれました。愛と威厳に満ちた15分のスピーチは、世界の良心を動かし、その時、日本の自由が約束されたのです。

「自由アジアの叫び、雄弁かつ沈痛にして力強いオックスフォード流の英語が会議を支配した」　*N.Y.TIMES 1951.9.6*

　世界から喝采を受けたスピーチの約1年半前から、あなたは、講和条約を起草するため、イギリス連邦諸国、アジア各国の意見をとりまとめてくださいました。演説の前に日本に立ち寄り、官僚や軍人と会談し、日本民族とは何か、なぜ軍国主義に至ったのか、ご自分の目で確かめようとされ、思想家の鈴木大拙を訪ね、日本とスリランカの仏教の違いを問い、「大切なのは違いより類似点ではありませんか」という言葉に感銘を受けられたと聞いています。あなたが会議の場で引用された、ブッダの言葉を忘れることができません。

「憎しみは、憎しむことで消えず、愛することでなくなる」

　後にスリランカ大統領となり、国民から「J.R.」（ジェイアール）と敬愛された方でした。「右目の角膜はスリランカに、左目の角膜は日本に」そんな遺言を残し、日本への惜しみない愛と友情を施してくださいました。

## 1951年9月6日 サンフランシスコ講和会議
# ジャヤワルダナ氏 演説全文

副大統領と友人の方々

講和条約の調印に際して、世界からお集まりいただいた51ヵ国の皆さまの前でセイロン政府の見解を述べる機会を与えられたことは光栄であると存じます。私の声明は条約を承認すべき根拠と承認反対への釈明を表すものです。私はセイロン代表として政府の意に沿って意見を述べますが、それはアジアの人が日本の将来に抱く全般的な感情を述べていると確信しています。

この条約が最終草案に至るまでの経緯を述べる必要はありません。アメリカ代表ダレス氏、イギリス代表のヤンガー氏が1945年8月、日本の無条件降伏からの出来事の詳細を述べられました。しかし、草案の作成にあたって四大国の間に重大な意見の対立があったことを見過ごしてはなりません。ソ連は四大国のみ、アメリカ、イギリス、支那、ソ連の外相が起案に当たり、それ以外の国が加わる場合は拒否権が与えられるべきだと強く主張。イギリスは、自治領の国々と相談すべきであると主張し、アメリカも同意しました。この両国は、日本との戦争に参加したすべての国に相談すべきであるとの立場を示しましたが、これらの国々においても実際の条項について深刻な意見の相克があり、軍国日本の台頭を懸念する国々、日本軍の侵略による被害と恐怖を未だに忘れ難いという国々もありました。

日本の独立を認める提案が最初に審議されたのは、1950年1月コロンボで開かれたイギリス連邦外相会談でした。この会談では日本を南アジア・東南アジア地域の一部としてとらえました。アジアは、世界の富と人口の大部分を占めながら、数世紀にわたって苦難の道を歩み、近年になって再び自由を獲得した地域であることを考慮すべきであり、第1に日本の独立、第2に南アジア・東南アジアの人々の経済的・社会的な発展を

重視すべきであるという2つの考え方に達しました。

　皆さまが手にされている条約は、会談の成果であり、その一部はセイロン政府の意向と合致し、また合致していない部分もあります。しかし現時点において日本との講和を望む国々の最大公約数の同意を表していると私は断言します。

　草案の作成に対して、セイロン、インド、パキスタンなどアジアの国々が共に取り組んだ主題は日本の自由です。この条約はそれを完全に具現化したものです。しかし日本の自由が及ぶ領土など若干の問題も残されています。自由は、本州、北海道、九州、四国に限られるべきか、小さな島々に及ぶべきか、もし島々を除外するならばその帰属をどう考えるか？台湾の地は1943年カイロ宣言に基づき支那に返すべきか？どちらの支那政府に？支那を講和会議に呼ぶべきか？呼ぶのはどちらの政府か？日本から賠償金をとるべきか？その金額は？自衛の力を得るまで日本はいかにして自国を守るのか？

　日本の自由に関わる大部分について、私たちは最終的に同意に達し、この条約はそれを具現化しています。他の問題に関しては深刻な意見の対立があるのも事実ですが、条約は多数意見を表すものでありセイロン政府は小異を捨て大同につく道を選びます。条約のすべてに賛同しなくても、それが条約署名を拒否する理由にはならないと思います。なぜならこの条約の主題は、自由にして独立した日本にあるからです。

　これらの諸問題は日本の自由が認められれば必ず解決されるものであり、日本の自由なくして解決されません。自由があってこそ日本は、例えば、国連を通じ世界の自由諸国と討論を交わし、諸問題を検討し、早期に結論に達することができます。この条約に署名することで、日本が望むなら（この会議に不参加の）支那政府やインドとも友好条約を結ぶことができるわけで、

そうなれば私にとって喜ばしいことです。私たちがこの条約に署名しなければこれらの希望はどれも結実しないでしょう。

なぜアジアの国々が日本の自由を熱願するのか？ それは、長年にわたる日本との密接な関係と、アジアの人々の日本に対する尊敬の念があるからです。日本だけがアジアの国々の中で強力にして自由な独立国であり、私たちは、指導者として、友人として日本を信頼しています。この戦争中に、日本が唱えたアジア共栄のスローガンは、アジアの人々の心を動かし、自国が解放される望みから、ビルマ、インド、インドネシアの指導者には日本に呼応した人もいました。

セイロンは幸いにも侵略は受けませんでしたが、空爆や東南アジア駐留部隊により被害を受け、連合国唯一の生ゴム生産国であるわが国の生ゴム産業への多大な損害は、当然賠償されるべきものです。しかしセイロンは、それを放棄します。なぜならブッダの教えを信じるからです。ブッダは「憎しみは憎しむことによって消えず、愛することによって消え去る」と諭されました。

仏教の開祖ブッダの教義は、南アジア、ビルマ、ラオス、カンボジア、泰国、インドネシア及びセイロンへと拡がり、さらに北方ヒマラヤ山脈を越え、チベット、支那ついに日本まで及びました。このようにして数百年にわたり共通の文化と伝統で東洋は堅く結ばれてきたのです。この共通の教義がいまも存在していることを、私は先週この会議に出席する途中で日本に立ち寄り発見しました。日本の知事、指導者、一般民間人はもちろんのこと、大臣、寺院の僧侶と会い、日本の一般民衆は現在もブッダの平和の教えを信仰し、将来もその教えに従って生きる希望を持っていることを感じました。私たちは日本にその機会を与えねばなりません。

ソ連は日本の自由の制限を提案していますが、これまで申しあげた理由から私はこの見解に同調できません。ソ連が日本に課そうとしている制限は、日本が自由国家として当然保持すべき自衛権、その他、ここに出席されている各国代表の大多数のみならず欠席の諸国にとっても受諾できないもの、この講和条約そのものを無意味にするものです。特にインドは絶対に反対するはずです。

　カイロ・ポツダム宣言に反し、琉球、小笠原が日本に返還されるべきであるとソ連が要求するのであれば、なぜソ連は千島列島や南樺太を返還しないのでしょうか？　ソ連の修正条項は不可思議なものです。それは日本国民の表現・報道・出版の基本的自由、信仰・政見・会合の自由を制限することを言及していますが、それこそソ連の人々が享受したいと願う自由ではないでしょうか。

　この条約は、日本に宗主権と平等と尊厳を復活させるものであり、制限を加えればそれは不可能となります。この条約の目的は日本を自由な国とし、日本の復活に何らの制限も課さず、外部からの侵略や国内の騒乱に対して自衛の軍備を組織させ、その能力が備わるまで、自国防衛のために友好国の援助を求めやすくし、経済に悪影響を与える賠償金を日本から取り立てないようにするものです。

　この条約は、敗戦国・日本に対して公正かつ寛大なるものです。私たちは、日本に友情の手を差し伸べ、今日、書きあげる最終ページをもって人類の歴史におけるこの章を閉じ、新たな章をはじめ、明日から最初のページを開くときより、日本の人々と私たちが互いに人類の尊厳を享受し、平和と繁栄に向かって進むことを心から祈念します。

# 目次

はじめに ……………………………………………………………… 5

スリランカへのいざない／隈研吾 ……………………………… 6

対談：スリランカと日本、縁で結ばれた文化の架け橋を ………… 8

あなたがいなければ日本の自由はありませんでした ……………… 14


第一章　バワへの旅

バワとスリランカ／隈研吾 ……………………………………… 28

ジェフリー・バワに会う ………………………………………… 32

ベントータの隠れ家「Club Villa」 ……………………………… 40

日本を愛したジェフリー・バワ ………………………………… 50

The Works of Geoffrey Bawa ……………………………………… 60


第二章　土地への旅

魅惑の親日国：スリランカ／粗信仁 …………………………… 66

仏の国のポヤデー ………………………………………………… 70

水と、王様 ………………………………………………………… 72

稲と、精神 ………………………………………………………… 74

風の悲しみ ………………………………………………………… 76

光り輝く島の宇宙 ………………………………………………… 78

サンゴ礁の海岸 …………………………………………………… 80

ラウンジセイロンタイムのひととき …………………………… 82

アーユルヴェーダと、ドーシャ ………………………………… 84

## 第三章 感覚への旅

スリランカに想いを寄せて／石川秀樹 …………………………………… 88

熱帯の米 …………………………………………………………………… 92

スリランカのカレー ……………………………………………………… 93

セイロン紅茶紀行 ………………………………………………………… 94

ヤシの生酒、ヤシの蒸溜酒 ……………………………………………… 95

文学の旅 …………………………………………………………………… 98

映画の旅 …………………………………………………………………… 101

## 第四章 世界遺産への旅

アヌラーダプラ …………………………………………………………… 104

ポロンナルワ ……………………………………………………………… 108

シーギリヤ ………………………………………………………………… 112

ダンブッラの黄金寺院 …………………………………………………… 116

キャンディ ………………………………………………………………… 120

ゴールの旧市街 …………………………………………………………… 124

シンハラジャ森林保護区 ………………………………………………… 128

スリランカの中央高地 …………………………………………………… 130

謝辞 ………………………………………………………………………… 133

参考文献 …………………………………………………………………… 135

第一章　バワへの旅

# バワとスリランカ

## 隈研吾
建築家

　村上豊彦さんから、ジェフリー・バワの設計したホテルを
お持ちだと聞いて、こんな素晴らしい目と行動力を持ってい
る人がいる、今の日本も捨てたものではないなと思うと同時に、
すぐそのホテルを実際に体験したくなった。スリランカまで、
あの海とバワとが、どんな対話をしているかを、確認したくなっ
たのである。
　ジェフリー・バワという建築家は、僕にとってきわめて大
切な人である。なぜなら、彼は工業化社会の非人間的で冷た
い建築を、ポスト工業化社会のヒューマンでナチュラルで温
かい建築へと転換しようと試み、実際にその転換の最初の一
歩を踏み出した人だからである。バワ自身は、それぞれの建
築のデザインに集中して、時代などという大げさなことは考
えなかったかもしれないが、実際のところ、時代の蝶番、ヒ
ンジとして機能し、時代を転換させたのである。そして、僕も、
バワのあとに続きたいと、強く願っている。工業化社会の固
い雰囲気を、少しでもやわらげられたらと、いつも考えてい

るのである。

　バワのことを、そのように歴史的パースペクティブの中で評価している人の数はまだそれほど多くない。スリランカの美しい自然と調和する、素晴らしいホテルを設計した、職人的な建築家という評価が、まだ一般的である。

　もちろん、彼が匠的なディテールの名人で、スリランカの自然材料、職人の技を使って素晴らしい建築を作ったことは間違いない。彼の設計した建築群が、訪れた人を、他の建築とは比較にならないレベルで幸福にしてくれることは事実なのだが、彼のした事、彼の残したものには、それ以上の歴史的意味があると僕は考える。

　工業化社会のあとの社会の姿が見え始めてきた今から見ると、彼の建築の意味がクリアに見えてくる。まさに彼こそが時代の予言者であり、工業化社会のあとの時代の具体的な形、手ざわりを、はじめて世界に見せてくれたキーパーソンなのである。それは快適な美しいホテル、住宅という枠組みでは語

第一章 バワへの旅　29

りきれないほどの、重要な仕事であり、重要な役回りであった。

　そこが、アメリカでも、ヨーロッパでもなく、スリランカという場所で起ったということは、僕は偶然以上の大きな意味を感じる。アメリカ、ヨーロッパは、工業化社会のリーダーであり、20世紀の経済と技術とを牽引した。そして、日本、中国は、アメリカ、ヨーロッパの工業化の文明のキャッチアップをめざし、経済的な成功を得た。スリランカは、それから見れば、遠い海上の、時代とは無関係なのんびりした島とも見える。しかし、だからこそ、スリランカに大きな可能性があることを、スリランカで生まれて、イギリスで育ち、そこで最高の教育を受けたバワは見抜いたのである。その仏教国ならではの気質のやさしさ、そして人々の勤勉さ、気候、自然のやさしさ、美しさ…そういったものが、ポスト工業化の時代には力となり、人間の幸せのベースになるということをバワは見出し、その画期的ともいえる発見、気づきを、言葉で伝えるのではなく、建築という具体的な形で、世界の人々

に見せてくれたのである。

　そのバワの設計した宝石のようなホテルの価値に、村上豊彦さんが気づき、しかも、ほとんどが財団所有になっていて、個人での所有は不可能ともいえるほどに評価が高いバワ建築のひとつを手に入れられたというのも、僕は偶然とは思えない。

　スリランカにバワがいたことが偶然ではないように、それを村上さんという日本人が手に入れて、さらにそこに磨きをかけ、日本の食の究極のものを提供するということも、また偶然ではない。

　まさに今という時代が、今という世界が必要としているものを生み出すために、世界が、村上さんを選び、呼び出したのではないだろうか。世界がバワを必要とし、呼び出したように、村上さんも世界から必要とされ、呼び出された人なのである。村上さんのやさしさと、スリランカのやさしさとが響き合って、そこに特別な果実が生まれつつある。

第一章 バワへの旅　31

## ジェフリー・バワに会う

　世界の人々がスリランカを旅するきっかけの1つが、バワの建築である。世界遺産の古代都市でも大自然でもなく、一人の建築家がつくった作品を巡るため多くの旅行客がスリランカを訪れる。

　ジェフリー・バワは、熱帯建築家と呼ばれる。スリランカの海岸を中心に多くのホテルを設計した。海からの風が心地よく吹き抜けるロビー、水面に浮かぶように植えられた熱帯の木々、境界が景色に溶け込んでいくプール。彼が考え出したアイデアは、アジアをはじめ、世界のリゾートホテルに影響を与えた。建物や空間だけではない。静かな自然に囲まれてゆったりと時を過ごすという、旅の目的やスタイルを変え、人々の行き先を変え、熱帯の国々に観光という資源をつくりだした。

　バワとは、どんな人物であったのか。彼が設計したホテルの客室で靴紐を解くまえに、ふらりと寄り道したくなる場所がある。1つは首都コロンボにある自邸「ナンバー11」。33番街（33rd.Lane）の11番地（No.11）にあるので「33rdレーン」と呼ぶ人もいる。もう1つは彼が79歳で病に倒れるまで約40年間、日々手を入れつづけた広大な庭と別荘からなる「ルヌガンガ」である。現在は、どちらもジェフリー・バワ財団によっ

ジェフリー・バワ
Geoffrey Bawa

1919年コロンボ生まれ。父ベンジャミン・バワ、母バーサ・バワ。1939年ケンブリッジの St. Catherine's College に留学。1944年ロンドンの Middle Temple 法学院に進み、弁護士となる。スリランカに帰国した後、1948年ベントータ郊外にルヌガンガの土地を購入。1954年、ロンドンの Architectural Assoation に留学し、建築を学ぶ。1957年、英国王立建築家協会の会員資格を取得、コロンボにて Edwards, Reid & Begg 建築事務所を構える。以降、スリランカの南西海岸のベントータを中心にリゾートホテルの建築を数多く手がける。1970年代、世界が自然環境の大切さに目を向けていない時代から、自然と一体化した建築をデザインした。2003年コロンボにて死去。

第一章 バワへの旅 33

コロンボ市内にあるバワの自邸「ナンバー11」。4つの長屋を改築して、1つの連続した空間にデザインされている

「ナンバー11」の室内は、バワの友人であった芸術家たちの作品が、バワ自身が決めた場所に正確に置かれている

2階の応接室には、ラキ・セナナヤケ作によるブロンズ製の木のアート「Bo leaf」のミニチュアが飾られる。「Bo leaf」は、1970年日本万博セイロン館のシンボルツリー。この部屋で、セイロン館のアイデアを膨らませたのだろうか

第一章 バワへの旅　35

てオリジナルの姿が大切に保存され、予約制で見学も受け付けている。

「ナンバー11」は、バワが4軒の長屋を段階的に購入し、改築をくり返し、つくりあげた住宅である。水をたたえた屋内の庭、木の柱、光がさしこむ廊下、置かれた家具など、空間のすみずみは建築の実験や試作としてつくられたものらしい。建物のエントランスは、ガレージになっていて、1934年型のロールスロイスと1953年型メルセデスが並んでいる。このロールスロイスは、彼が建築を学ぶためロンドンのA.A.スクール在籍中、ロンドンとローマを往復する際に使っていたとパンフレットに書かれている。ガレージを開ければ、いまにもバワの週末の別荘「ルヌガンガ」に向けて勢いよく走り出しそうである。

　コロンボの自邸を出発した車は、ゴールロードと呼ばれる幹線道路を南へ60km。ベントータ・ガンガ（ベントータ川）にかかる古い橋を越え、自らが設計したベントータのホテルの数々や駅が見えてくると別荘はもうすぐそこ。幹線道路を離れ、蛇行するベントータ・ガンガに沿って車を走らせると、デドゥワ湖に半島のように突き出した彼の楽園「ルヌガンガ」に到着する。「ルヌガンガ」とは塩の川という意味でバワ自身が名

広大な別荘「ルヌガンガ」の建物の各所には、それぞれ音色の違う鐘が設置され、鐘の音でバワがいる場所が使用人にわかるようになっていた

付けたと言われる。

「ルヌガンガ」は、バワが建築人生をスタートさせるきっかけとなった場所である。もともと彼は、イギリス領セイロンの上流階級の子息としてケンブリッジ大学に留学し、弁護士の資格を得た法律家であった。その後、母国に帰国し、1948年、ベントータ郊外の湖に面した25エーカー（10ha）のゴム農園と小さなバンガローを購入した。この土地は、彼の想像力をかきたてた。1952年、彼は、再びケンブリッジに戻り、建築を学び、1957年、英国王立建築家協会の一員となる。すでに38歳になっていた。こうしてコロンボで建築の仕事をするかたわら、週末はこの地を訪れ、病に倒れるまで約40年間、バワは人生をかけて敷地、建築、庭園の数々をつくりあげていった。彼のデザイン哲学は、造園を通して研ぎ澄まされたとも言える。

『セイロンに於いて、建物とは、セイロンの環境によりそい、同調するものでなくてはならない』 "A WAY OF BUILDING" 1968, Geoffrey Bawa

湖の彼方には、カタクリヤの寺院を遠く眺めることができる。寺院の僧侶から「寺院の眺めを楽しんでいるのだから、補修費を寄付してほしい」と言われ、バワは「眺めているのは寺院の上半分だから費用の半分を寄付しましょう」と答えたという

第一章 バワへの旅　39

## ベントータの隠れ家「Club Villa」

　インド洋の美しい海岸に臨むベントータの町。ここは1970年代初め、当時のセイロン政府がリゾート地として開発を進めたエリアで、バワは政府から依頼され、ホテルや駅舎を設計している。バワ財団の公式サイトには、ホテルの大型プロジェクトを進める一方、彼は小さな規模の古い建物のリノベーションを楽しんだ（amused）と記載されている。それが、現在のクラブ・ヴィラのルーツである。

　1970年代後半、バワは、ベントータのメイン道路をはさんで両側にある2つの古い邸宅の改修に取り組んだ。山側の敷地は、彼の友人、イタリア人彫刻家Lidia Duchiniの住宅として、海側にあったMohotti Walauwaと呼ばれる建物は、セレンディップ・ホテルのマネージャーを務める友人S.M.Aハミードのために改修がすすめられた。（「David Robson　Geoffery Bawa : the complete works 2002」より）

　ハミードは、ヴィラ全体を「クラブ・ヴィラ」と名づけた。その後、バワ自身が購入して、宿泊棟とプールと中庭をもつ小さなホテルとして使われた。バワ自身が友人を招く場として「クラブ・ヴィラ」はつくられたと言えるだろう。その思い出について「クラブ・ヴィラ」で何十年間もバワの料理人を務めてきたカルナーラ氏が話してくれた。『私は、ジェフリー・

宿泊客を迎えるホール。壁画は、バワの友人ラキ・セナナヤケ作。同時代にデザインされたスリランカ新国会議事堂の白い柱にもセナナヤケが宗教画を描いている

幹線道路脇の小さな道に入り、約200m進んだ路地の奥に「クラブ・ヴィラ」のエントランスは静かに佇んでいる

「クラブ・ヴィラ」には著名な作家が滞在、執筆を妨げないよう、使用人は静かに行動するルールがあったという。その作家とはスリランカを愛したアーサー・C.クラークだったかもしれない

「クラブ・ヴィラ」の客室は、No.1〜No17まで17室。間取り、インテリア、ベランダなどそれぞれが異なる魅力をそなえている

家具、焼き物、調度品など、すべてはバワが選んだもの。置く場所まで細かく指示したと言われる

1970年代、バワによって設計されたプール。青い釉薬のタイルを貼ることを彼は望んだ

第一章 バワへの旅

バワのお兄さんのベイビズ・バワの家で料理人として働き、その後「クラブ・ヴィラ」の料理人になりました。バワさんは、いつも中庭にテーブルを出して友人の方々と食事をされていました。ヴィラに泊まることはほとんどなく、食事が終わると「ルヌガンガ」に戻られました。遠い記憶なのですべてが正確ではないかもしれませんが、最初「クラブ・ヴィラ」の建物は、母屋の1階の4部屋だけで、次にプールに面した2階の建物がつくられ、次に母屋の上に2階がつくられ、最後にスイートのある別棟がつくられたと思います。晩年、バワさんは足が悪かったので階段を上るのを嫌い、ヴィラに宿泊される時は、中庭に面したスイートの部屋を使われていました。』

その後「クラブ・ヴィラ」の所有者は何度か替わり、2007年、敷地の中央が塀で区切られ、2つのブティックホテルとして開業されることになった。その1つ、オリジナルの名前を受け継ぐ「クラブ・ヴィラ」は、2016年、スリランカ経営者から日本のばんせいグループ（Bansei Royal Resorts）へ良好な関係のもと受け継がれ、ジェフリー・バワが友人を招く場としてつくりあげた建物、空間、庭、調度品の数々が往年の姿のまま大切に守られつづけている。

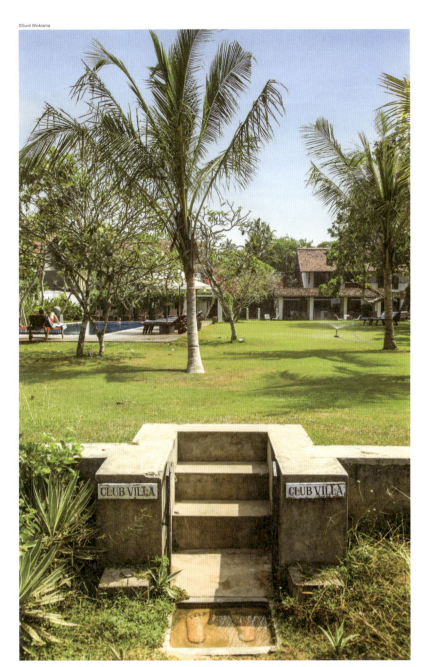

中庭には鉄道の線路が走る。イギリスがスリランカに鉄道を敷いたのは1858年。日本に鉄道が開通する14年前のことである

第一章 バワへの旅 47

バワが設計したガーデンチェア。後ろ脚に車輪がつき、思い思いの場所に移動できる。「クラブ・ヴィラ」のレストランにはコロンボから多くの客が訪れた

第一章 バワへの旅　49

# 日本を愛したジェフリー・バワ

スリランカの新国会議事堂は、ジェフリー・バワによってデザインされた。その建設に日本人が深く関わっていたことはあまり知られていない。バワと日本との出会いは、1970年大阪万博。セイロン館の建設のため日本を訪れた彼は、京都や奈良を散策するのを好んだという。日本建築と自然のあり方に共鳴するところがあったのだろうか。それから9年後1979年新国会議事堂の建設パートナーとしてバワは日本のコンストラクターを推したと言われている。

新国会議事堂の建設には、もう1つ知られざるエピソードがある。当時、スリランカの初代大統領に就任したジャヤワルダナ氏の任期中、3年以内になんとしても新しい首都スリジャヤワルダナプラコッテの町に新国会議事堂を完成させ、サンフランシスコ講和会議で日本を救ってくれたジャヤワルダナ氏の恩に報いたいという想いが日本側にあったという。そのため次の選挙が行われる1982年4月までのわずか3年で議事堂建設という国家プロジェクトを完了させることが絶対条件で

ジェフリー・バワが設計した大阪万博のセイロン館。ガラス張りの近代的な外装に対し、内部はベサックと呼ばれる紙製ランタンで覆われたランプが付けられていた。菩提樹のモニュメントは、ラキ・セナナヤケ作

あったと実施設計と施工に当たった三井建設の議事録に書き留められている。

　3年という工期がいかに短いものであったか。土木工事の担当者や、バワの事務所に張りつき実施設計にあたった担当者の言葉を聞くとよくわかる。

「新国会議事堂のまわりにある湖は、もともと葦が生い茂る一面の沼地でした。地面はぬかるみ、中央の小さな島に渡ることすらできない。3年後ここに立派な国会議事堂が建つとは誰も信じなかったでしょう。私たちは現地の人を集め、数ヶ月かかって島に生えていたヤシの木を根から抜き、整地しました。また地盤調査を行い、コンクリートの杭を打つことにしたのですが、地元紙の一面に、日本人は杭を打って島を沈めていると掲載され大騒ぎになり、スリランカ政府の人とともにテレビに出て技術説明をしたこともありました」三井建設（当時）細野晟史氏 談

「バワさんの事務所から最初に出てきたのは数枚のスケッチ

第一章　バワへの旅　51

1979年5月、第1回目のミーティングがゴールフェイスホテルで行われた。左からジェフリー・バワ、アシスタントデザイナーのミセス・ヤコブセン、構造設計のDr.プール

のみ。シンプルに描かれたものでしたが各部のバランスが正確でした。それを図面に書き起こし、6mグリッドで柱を置いていけばイメージ通りの設計ができることを突きとめるとバワさんはものすごく喜んでくれました。さらに構造設計とも連携して、階高5m、柱の断面60cm角のプランを割りだしました。とにかく柱を細くして目立たせたくないというのがバワさんの考えでした」三井建設（当時）近藤秀次氏 談

　自然を活かすこと、可能な限り地域の素材を使うこと、スリランカの伝統様式を重んじること。ベントータのホテルのデザインにも見られるこれらの思想は、新国会議事堂の建設においても貫かれている。

「図面を見ると、いちばん奥の建物が軸線から1グリッドずれて配置されています。そこにはマンゴスチンの大木が生えていました。現地でロープを張り、調査をすると建物の屋根に枝がかかることがわかったので切ることを伝えたら、普段は温厚なバワさんがとても怒られ、木を切らないように設計し

ベントータの別荘「ルヌガンガ」で設計の打ち合わせを行うバワと近藤氏

なさいと厳命されました。バワさんは私と一緒に島を歩きながら、『マンゴスチンの木だけでなく他の大木も切ってはいけない。自然があっての建築なんだ、自然を活かした設計をしなさい』と優しく言われました。当時、日本は高度経済成長の延長にあり、機能優先、スクラップ＆ビルド、不要な木を切ることなんて当たり前という時代です。バワさんの哲学の奥深さを感じました」近藤氏 談

「現地の素材を手に入れるため苦労したのは基壇部分のグラナイト（花崗岩）でした。バワさんはスリランカでも花崗岩が採れるというので調べると、コロンボ郊外に花崗岩の岩山がみつかりました。しかし、設備は何もなく、掘り出し、削り出す工場をつくることからはじめました。コンクリートに入れる砂を調達するため地主と交渉するなど、材料の手配から、加工、仕上げまで、課題を一つひとつ解決していきました」細野氏 談

　バワは、身長が2m近くもあったため、交通手段での移動が

第一章 バワへの旅　53

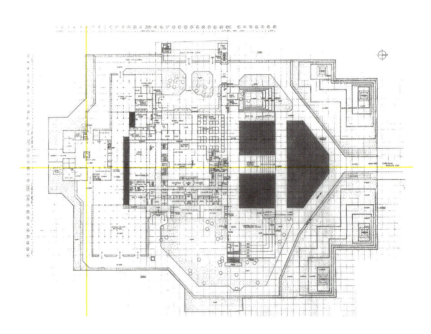

平面図を見ると、奥の建物の位置が1グリッド分だけ軸線からずらされ、マンゴスチンの木を囲むように設計されているのがわかる

スリランカの芸術家が集まって、室内装飾がつくられた。白い柱には、ラキ・セナナヤケにより宗教画が描かれている

第一章 バワへの旅 55

人造湖に囲まれた新国会議事堂。スリランカにとって、人造湖は、民のために灌漑を行なった王権の象徴であり、都のシンボルであった。議事堂が建設される前は、葦に覆われた湿地帯であったとは想像できない

大変であったが、それでも建設の確認のため、日本を訪れるのを楽しみにしていたという。京都でのお花見や先斗町の町並み、和食をこよなく愛した。新国会議事堂の屋根を銅板でふくことが決まったとき、竣工段階から「京都の寺院のように緑青がふくように」と指示したと言われている。

　バワは竣工の記念として、私にぜひ贈ってほしいものがあるとリクエストしたという。それはジャパニーズゴング、釣鐘だった。京都や奈良の仏教寺院を訪れた時に見たに違いない。バワは、日本古来の鐘のデザインに手を加え、新国会議事堂の回廊にかけた。富山県高岡で造られたその鐘には日本とスリランカの友好のために、という文字が刻まれている。

　1981年12月、期限よりも前に新国会議事堂が見事に完成した時、バワは、「あなたたちがいなければ、この建物はできなかった、ありがとう」と礼を述べたという。それはスリランカの国民を代表した言葉だった。

バワはハンカチの中央をパッとつまみ、下から見た時に懸垂幕のネットが張られているように天井を見せたいんだと説明したという。近藤氏は、アルミの小さな箱を造り、四隅をカットし、曲線の下地に1個ずつ留めるアイデアを考え出した

第一章 バワへの旅　57

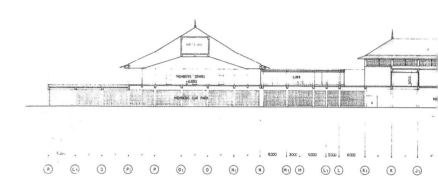
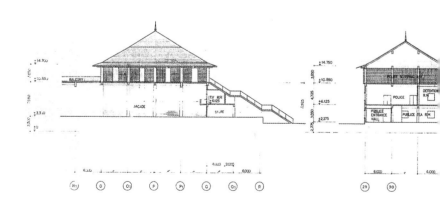

58  THE BRIDGE BETWEEN SRI LANKA AND JAPAN

稜線のように空に溶け込む大屋根のプロポーションを重視した。設計士が起こした図面に、バワは、万年筆でスケッチを書くように屋根の稜線を修正していったという

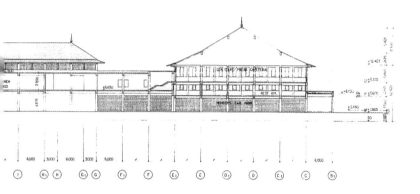

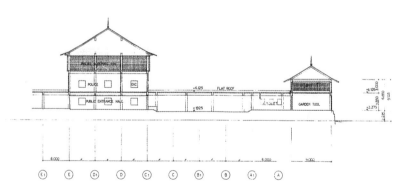

第一章 バワへの旅　59

# The Works of Geoffrey Bawa
ジェフリー・バワの代表的な作品

### 1948-97
ルヌガンガ　ベントータ
Lunuganga Garden, Dedduwa Lake, Bentota

見学・宿泊可

### 1960-62
ストラスペイ・エステート・バンガロー　マスケリヤ
Strathspey Estate Bungalow, Upcott, Maskeliya

要問い合わせ

### 1960-62
バワ自邸「ナンバー11」　コロンボ
Bawa's House No.11: 33rd Lane, Bagatelle Road, Colombo 3

見学・宿泊可

### 1961-63
バワ事務所「現ギャラリー・カフェ」　コロンボ
Bawa's Office now Gallery Cafe, 2 Alfred House Road, Colombo 3

見学・宿泊可

### 1961-62
ナザレ教会　バンダーウェラ
Nazareth Chapel of the Good Shepherd Convent.
Rasintha Wimalasena Mawatha, Bandarawela
 (northeast of the Bandarawela Hotel)

要問い合わせ

### 1963-64
セント・ブリジェット・モンテッソーリ・スクール　コロンボ
St. Bridget's Montessori School:Maitland Crescent, Colombo 7

要問い合わせ

### 1963-65
ポロンナルワ・エステート・バンガロー　ニカラウェティヤ
Polonnalawa Estate Bungalow,
Northwest of Chilaw on the road from Palame to Nikarawetiya

要見学予約

### 1967-69
ベントータ駅、観光案内所　ベントータ
Bentota railway station, tourist village, Bentota

公共施設

### 1967-73
ベントータビーチ・ホテル　ベントータ
Bentota Beach Hotel (Bentota Beach by Cinnamon), Bentota

宿泊可

### 1967-74
セレンディップ・ホテル　ベントータ
Serendib Hotel (AVANI Bentota Resort & Spa), Bentota

宿泊可

第一章　バワへの旅　61

# The Works of Geoffrey Bawa

ジェフリー・バワの代表的な作品

### 1973-76
ヘリテージ・アーユルヴェーダ・
マハ・ゲダラ・ホテル　ベールワラ
Neptune Hotel (Heritance Ayurveda Maha Gedara), Beruwela

宿泊可

### 1976-78
シーマ・マラカヤ寺院　コロンボ
Seema Malakaya, Beira Lake, Colombo

公共施設

### 1978-81
ヘリタンス・アフンガッラ　アフンガラ
Triton Hotel, (Heritance Ahungalla), Ahungalla

宿泊可

### 1979
バワのゲストハウス「クラブ・ヴィラ」　ベントータ
Club Villa, 138/15, Galle Road, Bentota

宿泊可

### 1979-82
スリランカ新国会議事堂　スリジャヤワルダナプラコッテ
New Sri Lanka Parliament, Sri Jayawardenepura Kotte

見学不可

### 1980-88
ルフナ大学　マータラ
Ruhunu University Campus, Matara

要見学予約

### 1991-94
ヘリタンス・カンダラマ・ホテル　ダンブッラ
Kandalama Hotel (Heritance Kandalama), Dambulla

宿泊可

### 1995-97
ライトハウス・ホテル　ゴール
Lighthouse Hotel, Galle

宿泊可

©Sunil Wickrama

### 1996-98
ブルーウォーターホテル　ワドゥワ
Blue Water Hotel , Waduuwa

宿泊可

第二章　土地への旅

# 魅惑の親日国：スリランカ

## 粗信仁
前駐スリランカ日本国特命全権大使

　インドの南東に浮かぶ島国スリランカは、かつてはセイロンと呼ばれ、古く海のシルクロード時代には「セレンディップ」と呼ばれていました。この不思議に満ちた美しい島の古い名前から、思わぬものを偶然に発見する力という意味の「セレンディピティ」という英単語が生まれています。スリランカは、また、世界一とも言われるほどの親日国です。幸いに私は、2015年まで約4年間この国に大使として在勤することが出来ました。その在任中の経験に触れながら、親日国スリランカの不思議な魅力をご紹介したいと思います。

　スリランカは、世界遺産が8つある観光資源の宝庫です。島の周りには南国の海があり、陸には多様で変化に富んだ自然があります。また、紀元前からの歴代王朝が残した多くの文化遺産が世界の観光客を引き付けています。この国に平和が戻った2009年以降、外国人観光客は毎年急増し、2017年には約5倍の212万人を記録しました。嬉しいことに日本からの観光客も毎年二桁の成長を続けています。

スリランカを訪問される多くの方々からは、「スリランカに来るとほっとする」、「スリランカ人と日本人の心情がよく似ている」という声をよく耳にします。確かに、スリランカの人は人当たりが柔らかく、論争よりはコンセンサスを、大声よりは静かな語りかけを好みます。自然との付き合い方も日本に似て、自然との共生を大事にしています。お互いに何か共通する文化基盤があるようです。

　私自身が感心した実例を一つご紹介します。スリランカでは、日本で発祥した「5S運動（整理、整頓、清掃、清潔、躾け）」が独自に発達し、カイゼンなどの経営方式とともに全国で根づいています。産業界だけではなく、病院、銀行、警察まで巻き込んだ全国コンテストが20年途切れることなく続いています。日本方式で成功した産業人がこの運動を支えています。成功の理由を彼らは、「欧米方式の経営も学んだが労使紛争などうまくいかなかった、日本の人を重視するやり方がスリランカに合っていて、すぐに成果が出た」と言います。この背景には、

私は、稲作のため村人が協力しあう共同体の文化が両国に共通してあるからではないかと考えています。

　それに加えて、日本が長年にわたって実施してきた経済・社会開発への援助があり、スリランカの人々は非常に親日的です。私自身、シンハラ、タミール、イスラムの異なる人達に会ってもいつも歓迎され、これは和平や地方の開発に心を配ってきた長い協力の積み重ねがあったからと実感する日々でした。

　一つの物語をご紹介させてください。有名建築家ジェフリー・バワが設計した荘厳な国会議事堂の脇に「日本スリランカ友好道路」という名の道路があります。別に日本が作った道路ではありません。どうしたらそんな特別扱いが実現したのかと同僚大使達に聞かれましたが、謎でした。いろいろ調べて分かったのが次のような物語です。

　話は、1951年、戦後のサンフランシスコ講和会議に遡ります。その時の日本は分割統治の危機にありました。その状況をセイロン（当時）代表のジャヤワルダナ財務大臣の演説が一変させました。

彼は演説で、「憎しみは憎しみによらず愛をもってのみ止む」という仏陀の言葉を引きながら、国際社会は日本を尊厳ある独立国として受け入れるべきと主張したのです。この名演説が会議を動かし、日本は独立国として存続することが出来ました。

　その大恩あるジャヤワルダナ氏が大統領になった時、日本政府がスリランカに恩返しの援助をしたいが何が良いかと聞いたところ、大統領は日本の援助の中で最も大きい病院を建設してほしいと答えたそうです。その結果1983年に完成したのが、それまでの記録より1病床多い1001病床のスリジャヤワルダナプラ総合病院でした。その当時唯一のアクセス道路だった道が誰言うとなく友好道路と呼ばれ、それが正式に「日本スリランカ友好道路」となったということです。

　このように歴史的に積み重ねられてきた両国間の友好関係が今後益々発展し、相互に協力する中で新たな価値が生み出されていくことを心から祈念しています。

## 仏の国のポヤデー

　仏教徒が7割以上を占めるスリランカでは、月に1度、満月
の日はポヤデーと呼ばれる祝日になる。仏教の戒律に従って、
商店では肉もお酒も販売されない。人々は白い服を着て寺院
に出かけ、そこで半日以上を過ごし、心に平穏を取り戻すと
いう。日本人のお参りとも違う。ここでは仏教は空気のようだ。
身体に溶けこんでいる。
　スリランカに仏教が伝わったのは紀元前3世紀。伝説ではブッ
ダは3度スリランカを訪れたと言われる。ブッダが悟りを開い
たインドで仏教はすぐ衰退してしまうが、スリランカでは
2000年の時を超えていまも息づいている。上座部仏教と大乗
仏教の違いを超え、日本の僧侶も多く聖地スリランカを訪ねる。
観光客の目線でみると、スリランカのブッダ像は寝そべって
いたり金色でピカピカに輝いていたり、どこかユーモラスさ

を感じる。日本人にはなかなか馴染みがないが、スリランカで信仰の対象は、インドの聖地から伝わった菩提樹でありブッダの歯や骨であった。ブッダが悟りを開いた木の下で、多くの人々が月に1度、心を洗浄する国。それがスリランカなのである。

　ブッダが誕生したヴェサック月（4〜5月）のポヤデーはスリランカ全土で盛大な祭典が催され、エサラ月（7〜8月）のポヤデーは古都キャンディで、ドゥルス月（1月）のポヤデーはコロンボ郊外のケラニア寺院でペラハラの祭りが開かれる。

　現在のスリランカは上座部仏教の国である。しかし、古都アヌラーダプラには、マハヴィハーラ寺院（上座部仏教）の他、アバヤギリヴィハーラ寺院（大乗仏教）なども栄えていた。

## 水と、王様

　キャンディ、ポロンナルワ、アヌラーダプラ、スリランカの古都にはいずれも湖がある。これらは、都が先につくられ、その後、王によって人工的につくられたものだ。庭園を眺めるためではない。スリランカの国土の四分の三は、雨季が年に1回しかないドライゾーン。雨季に降った大量の雨を貯めておくことは、一年を通じて稲作を行い、人々に豊かな食をもたらすためにとても重要だった。

　歴代の王がどれほど水を大切にしたか、2つのエピソードを紹介しよう。1つは世界遺産として有名なシーギリヤにまつわる。5世紀の話。父から王位を奪った王子が、父に財宝のありかを問いただすと、父は湖の水をすくいとり、これが私の宝だと答えた。この言葉に怒り狂った王子は父を殺し、弟の復讐を恐れ都を去り、岩山に宮殿をつくる。それがシーギリヤである。

　2つめは12世紀後半の話。ポロンナルワ最盛期の王パラークラマバーフ1世は「雨として降る一滴の水と言えども人間に有

用なものにされることなしに大洋に流してはならない」と命を下し、770のため池と534の運河を築き、2300のため池と3621本の運河を修復した。彼がポロンナルワの都につくったパラクラマ湖は24㎢。日本のため池は、空海がつくった満濃池が最大で1.4㎢。

　雨季と乾季は永遠に訪れる。灌漑の重要性は21世紀のいまも変わらない。在スリランカ日本国特命全権大使粗信仁氏（23代）は、「内戦によって破壊された灌漑システムを復旧するため、日本は、農業経済開発復興事業（PEACE）を通じ、内戦中の2003年から約10年間に、大中小およそ100のため池と水路の改修を行った」と述べている。

　湖の平らな水面はスリランカの都の原風景である。首都スリジャヤワルダナプラコッテにある、ジェフリー・バワ設計の新国会議事堂も小さな湖の水面に浮かぶように建っている。

第二章 土地への旅　73

## 稲と、精神

　米を主食とする国を旅していると安心する。胃袋がホッとするせいもあるが、昔から稲作を中心に共同体をつくってきた民族にそなわる協調性や穏やかさを感じるからかもしれない。スリランカの人々はシンハラ人、タミル人を問わず、稲作を行い米を主食としてきた。王によって大規模な灌漑事業が行われた一方で、村の人々は小さなため池（タンク）や水路をつくり、補修をしながら水資源を守ってきた。スリランカの各地には、いまも村の名前が付けられたタンクがあり、その数は1万を超えている。また村人たちは田植えや稲刈りを共同で行い、収穫を祝い、そこから歌や音楽や踊りが生まれた。文化の土壌が日本と似ている。

　スリランカの人からみても、稲作で育まれた日本の精神文化は肌に合うところがあるのだろう。在スリランカ日本国特

命全権大使（23代）であり、政策研究大学院大学の粗信仁教授は、JASTECA（JAPAN Sri Lanka Technical & Cultural Association）の成功理由について文化の共通性をいちばんにあげている。近年、スリランカでは、植民地時代の欧米式のトップダウン型の経営手法から、日本式のボトムアップ型を採用する企業が増え、5S（整理・整頓・清掃・清潔・躾け）やカイゼンは、病院や警察にも広く普及しているという。

　明治維新前、ロンドンに匹敵する識字率をもつ都市が世界に2つあり、それはスリランカと江戸だったという逸話がある。両方に共通するのは高い教育システムを社会の中に持っていたこと。江戸は寺子屋であり、スリランカは寺院であった。スリランカと日本の間には言語の壁を超えて響きあうものがある。

第二章 土地への旅　75

# 風の悲しみ

　スリランカは季節で風の吹く方角が真逆に変わる。11月から4月は北東からの風。島の中央には標高2000mを超える山岳地帯があるが北と東は傾斜が緩やかなため、水蒸気は山に阻まれることなく南西部まで運ばれ、全島に雨を降らせる。5月から10月は南西からの風。島の南西部は雨季に入る。しかし、山岳の西と南は傾斜が急なため、水蒸気は山に阻まれ、北東部は乾季に入る。

　蒸気船が誕生するまで航海は風が頼りだった。古代から中東の商人たちは南西の季節風に乗ってスリランカを訪れ、半年後、北東の風に乗って帰っていった。インド洋の交易を舞台に書かれた昔話シンドバッドの冒険に出てくる宝石の島とはスリランカのことだったかもしれない。アラブ人はこの島をセレンディップと呼んだ。

写真提供：スリランカ観光局

　季節風を利用した交易は近くのモルディブ諸島とも盛んに行われた。その代表がモルディブフィッシュ、鰹節である。モルディブの漁民たちは鰹節をつくり、船に積んでスリランカに売りにきた。現在もスリランカでは鰹節が日常的に食べられている。

　その後、スリランカの歴史は季節風によって翻弄される。16世紀、ポルトガル艦隊が偶然にスリランカに漂着。彼らは、シナモン交易とキリスト教の布教を目的に支配地を築いた。コロンボという都市の名はポルトガル人コロンブスに由来している。やがて、17世紀オランダが、18世紀イギリスが植民地支配を拡げる。スリランカ（当時セイロン）が独立を獲得するのは1948年のことである。

## 光り輝く島の宇宙

　スリランカの新年はシンハラ・タミル暦によって定められる。仏教徒であるシンハラ人と、ヒンドゥー教徒であるタミル人のどちらも同じ暦で大晦日と正月を迎える。毎年、大晦日は4月13日、正月は4月14日。元来は収穫感謝祭であった。年末から年始にかけての行動は、アストロジー（占星術）によって、毎年縁起のよい時間が決められる。新年のはじまる時刻も、その年によって0時29分など微妙に変わる。その後も、一年で初めて料理をする時刻、新年として活動をはじめる時刻、服の色、方角などが決まっている。その年の時刻は新年の一週間前に発表される。

　アストロジー（占星術）は、古代インド、古代ギリシヤで広く用いられ、太陽や月や星の位置や動きと人間や社会のあり方を結びつけて占う。日本の大安や仏滅は日だけだが、スリランカでは縁起のよい日と一緒に時刻も決められていると考えるとわかりやすい。結婚の相性、結婚式をはじめる時刻、宝石を掘りだす時刻、稲を刈る時刻、さらには議会を解散する時刻まで、このアストロジー（占星術）の上に成り立っている。光り輝く（スリ）、島（ランカ）と名付けられた国にくらす人々の心の中には、民族や宗教を超えて、太陽や月や星と一体となった宇宙観が生きている。

第二章 土地への旅

## サンゴ礁の海岸

　ヒッカドゥワの海は、1979年スリランカで初めて海洋保護区となり、2002年には海洋国立公園に指定された。スリランカ南西部の海岸の中で美しいサンゴ礁に囲まれているのはここしかない。遠浅のラグーンの平均的な深さは約2m、ウミガメも訪れる。潜水ポイントも数多くあり、スリランカの海を愛したSF作家アーサー・C.クラークが潜水中に発見したような18世紀の沈没船を眺めることもできるという。

冬の季節、南国の太陽を求めて、ヨーロッパ各地から旅行客が訪れる。またヒッカドゥワはサーフィンのスポットでもある

インド洋の青い海を客室から一望できる、コーラルロック by Bansei

第二章 土地への旅　81

## ラウンジセイロンタイムのひととき

　スリランカの魅力を日本の人たちに発信する完全会員制の
サロンとして、ラウンジセイロンタイムの空間はつくられた。
銀座という大都会の中心にありながら、喧騒を忘れさせる穏
やかな時が流れている。

　ここはスリランカの偉大な建築家ジェフリー・バワに捧げ
る空間でもある。バワは、木で建物をつくることを好み、シ
ンプルな材料で優雅な空間をつくりだした。ラウンジセイロ
ンタイムの中央にある、アンティークの柱はスリランカから
運ばれてきたもの。バワが1971年に手がけたマドゥライクラ
ブを設計する際、近郊のチェスナード村から材を調達したこ
とにちなみ、チェスナード式の柱と呼ぶ人もいる。コロンボ

セイロンタイムは、完全会員制のサロン。銀座4丁目の交差点角に面した絶好の立地にある。完全会員制ならではの上質なくつろぎが約束されている

　の自宅や事務所、ベントータのクラブ・ヴィラなど、バワがデザインする空間には、このチェスナード式の木製の柱がよく見られる。
　ここはスリランカの風の匂いを感じる場所でもある。ナチュラルな花や薬草の香りに包まれたアーユルヴェーダの風を感じながら世界最高峰の香りをもつセイロンティーを静かに味わう。スリランカの紅茶農園を旅したことがある人なら、訪れた産地の茶葉を選んでみるのもいい。壁には、スリランカの写真家が熱帯雨林の国立公園で息を潜めシャッターチャンスをとらえた、野鳥の写真が飾られている。スリランカを日本でいちばん近くに感じる場所である。

## アーユルヴェーダと、ドーシャ

　アーユルヴェーダは、ユナニ医学、中国医学と並んで世界三大伝統医学の1つ。インド、スリランカ両国それぞれで発展し、伝承されてきた。例えば、スリランカのアーユルヴェーダには、スリランカにしか自生しない植物を使ったオイルが数多くある。飲み薬もオイルも自然から採れたナチュラルなものが使われる。

　風邪や怪我などで日本人が内科や外科の病院に行くように、スリランカの人たちはアーユルヴェーダのホスピタルに行き、ドクターの診察を受ける。ドクターになるには聖典と言われる医術書を熟知し、国家試験に合格しなければならない。ドクターは病気の症状に加え、その人の食生活や精神の状態などトータルに診断する。

　アーユルヴェーダでは、人には生まれ持ったドーシャと呼ばれる生命エネルギーがあると考えられている。ドーシャには、ヴァータ（風）、ピッタ（火）、カパ（地）の3種類があり、アーユルヴェーダの処方は、その人のドーシャに合わせて行われる。

　自分の生まれつきのドーシャを知りたいという方は、スリランカの伝統医療アーユルヴェーダ由来のスパであるSPA CEYLONが日本に出店しているので、そこでドーシャのチェックを受けることができる。SPA CEYLONでは、スリランカ王室に伝承されてきた特別レシピを使ったオイルの購入やトリートメントが受けられるだけでなく、その人のドーシャに合った心と体の健康管理についてもアドバイスしてもらえる。

第二章 土地への旅　85

第三章　感覚への旅

# スリランカに想いを寄せて

## 石川秀樹

神楽坂「石かわ」

　スリランカという国を訪れて感じるのは、自然に抱かれる心地よさ。大自然の魅力があふれる国は他にもたくさんあるでしょう。でも、スリランカは、人と自然が溶け合って、おおらかな時の流れをつくっているのです。出会う人々の穏やかで優しい表情にも癒されます。

　僕がスリランカで好きな場所の1つ、ベントータの海岸は、優雅なリゾート地でありながら、ビーチも木々も自然がそのままの姿で残されています。ゆったりとした大きな波が、砂浜に押し寄せ、陸地のほうを振り返ると、背の高い椰子の木の中に埋もれるように赤茶色のレンガの屋根だけが見えています。椰子の木より高い建物を建ててはいけないという決まりがあるそうです。ベントータで過ごすひとときは、まるで野鳥や小動物や魚たちの棲家にこちらがお邪魔しているような、自分の体が心地よいものにずっと包まれている感覚があります。

　ベントータにある「クラブ・ヴィラ」は、プライベートな旅行や、神楽坂「石かわ」のスタッフみんなと休暇旅行で行ったことがある思い出の地です。「クラブ・ヴィラ」のオーナーになられた、ばんせいグループの村上会長から、『日本とスリランカの架け橋となる料理を考案してください』と相談された時は不思議な縁を感じました。ジェフリー・バワが設計した、

心地よい風が抜ける「クラブ・ヴィラ」のダイニングは、僕自身が心からリラックスできる素敵な場所だったからです。

　ベントータは、欧米の人々に古くから親しまれてきた由緒あるリゾート地で、数週間ヴィラに滞在するゲストも多いそうです。『長期間の滞在中、ゲストに食を楽しんでいただくために、既存のカレーやスリランカ料理に加えて、特別なコース料理を用意したい』というのが相談の内容でした。難しいのは、料理の献立を考えることではなく、スリランカで上質な素材をどうやって手に入れるか、料理の技術と心を現地のスタッフにどうやって伝えるかです。海外だからといって、妥協は許されません。ばんせいグループの方々と一緒に、スリランカの市場や漁港をたくさん巡り、食材調達に奔走しました。また「クラブ・ヴィラ」のスリランカ人シェフを実際に日本に招いて、私どもの神楽坂「石かわ」で研修していただきました。シェフにとって初めての海外旅行だったそうです。その後、何度も来日していただいて料理の心と技をじかに伝えています。

　お料理にとって大切なのは、美味しさと心地よさだと僕は考えています。何を美味しいと感じ、どんなことを心地よいと感じるか、一人ひとり感覚は違うのかもしれません。でも、生まれ育った風土や食文化が異なり、お互いの言葉がわからなくても、美味しさと心地よさを大切にすることで世界から訪れるお客様と心が通いあい、笑顔になっていただけることを日々のおもてなしの中で学んできました。

　ベントータの「クラブ・ヴィラ」は、世界でも類を見ない恵まれた自然に囲まれ、スリランカのスタッフの温かなおもてなしに触れることができます。最高の環境の中で、心地よさと美味しさを大切にしたお料理をどうぞお召し上がりいただけたら幸いです。

# 熱帯の米

　アジアの様々な国で米がつくられている。その国の米をいちばん美味しく炊きあげる方法は、その国の人がよく知っている。硬い、柔らかい。パラパラ、しっとり。もち米、うるち米。ご飯の好みを語るまえに、その国の米や炊き方について理解を深めてはどうだろう。

　スリランカの米は、粒の細長いインディカ米。世界で栽培される米の8割を占める主流の品種だが、同じインディカ米でも国境を越えれば香りも味も変わる。タイはジャスミン米、インドはバスマティ米、ラオスはインディカ米のもち米を主食にする。またスリランカでは白い米だけでなく、粒が赤いラトゥキャクル（レッドライス）もよく栽培されている。日本との大きな違いは、生米（キャクルハール）と、籾殻がついたまま湯気をあててから脱穀した米（タンバプハール）があること。カレーにはタンバプハールが合うという。

　スリランカでは民族によって食べる米料理が異なる。シンハラ人のお祝い事には、キリバス（kiribath）、ココナッツミルクライスが欠かせない。タミル人は、ポンガル（pongal）と呼ばれる甘いミルクの粥を食べる。また伝統的な朝食には、米粉を溶き、お椀の形に丸く焼きあげたホッパー（hopper）という料理がある。料理を手で食べる文化なので、熱い汁に入った米粉のヌードルはみかけない。

## スリランカのカレー

　スリランカとインドのカレーの特徴を整理すると、食文化の違いが見えてくる。スリランカのカレーは米食。インドは小麦の粉を練って焼いたナンを食べる。材料が異なるのはオイル。スリランカは植物の油。北部はマスタードシードオイル、南部はココナッツオイルを使う。インドはギーと呼ばれる動物性のバターオイルを入れる。またモルディブフィッシュと呼ばれる鰹節をカレーに入れるのもスリランカの特徴である。

　スリランカの人に聞くと、香辛料の使い方も違うらしい。インドは香りを重視するが、スリランカは旨味や深みを引き出すために香辛料を使いこなすという。また1つの素材だけで、カレーをつくるのもスリランカの特徴。例えば、ジャックフルーツの若い実のカレーであればジャックフルーツだけ、魚のカレーであれば魚だけ、素材にあわせて香辛料を調合する。そうして単素材のカレーを何種類かつくり、お皿の上で自分の好きなように混ぜて食べる。

　さらさらの汁気の多いカレーも多いが、スリランカの人たちは指先をスプーンのようにして親指で弾くように上品に口に運ぶ。手のひらまで汚さないのがマナーと言われている。

第三章 感覚への旅　93

# セイロン紅茶紀行

　紅茶の葉を摘む時期はそれぞれの産地で異なる。産地の特徴がもっとも出る時期をクオリティシーズンと呼ぶ。スリランカの山岳地帯の南東にあたるウバ地方では、7月から9月にかけて山岳を越えてきた風が、農園を覆う霧をはらい、直射日光をたっぷり浴びた茶葉を一気に乾かす。これにより、ウバ地方特有のメントールに似た爽やかな香りが生み出される。山岳地帯をはさんで反対側の南西にある、ディンブラ地方のクオリティシーズンは、この地方に乾いた風が吹く1月から2月。スリランカの紅茶産地の中で標高がもっとも高いヌワラエリヤ地方は1日の寒暖差が大きく、それが茶葉に濃厚な味わいを加える。クオリティシーズンは2月から3月。

　18世紀初め、スリランカ（当時セイロン）の農園で栽培されていたのはコーヒーだったが、コーヒーの葉が感染病にかかり、またたく間に枯れてしまう。しかし、1867年、セイロン紅茶の父と言われるジェームズ・テーラーが紅茶の栽培に成功。その後、世界の紅茶王サー・トーマス・リプトンの手によって、セイロン紅茶は、その繊細で豊かな香りととも世界に知れわたる。

　コーヒーにくらべて、紅茶の栽培や収穫、製造には労働力が必要なため、南インドから数多くのタミル人がスリランカ（当時セイロン）に連れて来られたという歴史もある。前述のセイロンタイムでは、本場のセイロン紅茶を味わえる。

# ヤシの生酒、ヤシの蒸溜酒

　熱帯では、木の実の汁が自然に発酵しておいしい酒になる。スリランカでは、背丈10mはあるヤシの木に男たちがロープ1本でするすると登り、汁を壺に貯めて酒をつくっている。ヤシの蕾は、そのままにしておくと花が開いてしまうので、紐で縛り、先端を切り落として滴る蜜を集める。一晩で壺いっぱいの蜜がたまり、翌日には自然にアルコール発酵して酒になっている。この酒をトディまたはラーと呼ぶ。トディは、持ち出しが禁じられているので、飲みたければ蜜を採取している現場まで行かなければならない。

　トディを蒸溜して、アラックと呼ばれるアルコール度数30～40度の強い蒸溜酒がつくられる。こちらは、酒屋で販売もされ、バーで飲むこともできる。アラックそのものは無色透明だが、水で割るとギリシャの国民的な酒ウーゾと同じく白濁する。

写真提供：スリランカ観光局

# 文学の旅

　ヨーロッパ航路の寄港地として、スリランカ（当時セイロン）の地を踏んだ文豪が、当時の様子を記録したり、作品に登場させている。

六時半旅館ニ帰リテ晩餐ニ名物ノ"ライスカレ"ヲ
喫シテ帰船ス
　　　　　　　　　　　　　夏目漱石の日記

セイロン島は釈迦如来誕生の地にて島の人皆仏法に帰依せり島の中にアダムが峯とて高き山あり高さ千二百間余島人の物語に釈迦如来この山に籠て法を説き遂に其頂より天上に登り今に到るまで其足跡ありといふ。
　　　　　　　　　　　　　福沢諭吉「西洋旅案内」

自分は錫蘭（セイロン）で、赤い格子縞の布を、頭と腰とに巻き附けた男に、美しい、青い翼の鳥を買はせられた。
　　　　　　　　　　　　　森鴎外「妄想」

ここへ来てみると、かの阿育王（アショカ王）の昔なぞは尋ねるべくもない。一切は遠い過去で草木のみが深いのにも旅情をそそられた。
　　　　　　　　　　　島崎藤村「巡礼」東洋の港々の三

17世紀、イギリス人船員R.ノックスは、当時のキャンディ王国で幽閉されていた時の記録を書き残している。20世紀を代表するSF作家のアーサー・C.クラークはスリランカの海をこよなく愛し、人生の半世紀以上を暮らした。

この島の王が所有するルビーは、世界無比のみごとなものであり、過去においてもそれに匹敵するものはなかったし、将来にもおそらく又とないであろう。このルビーの詳細を説明すれば、まず大きさは長さが約1パームで厚さは男の腕ほどもある。

マルコポーロ「東方見聞録」

コロンボの名は一本の木に由来する。その土地に一本のアンバ（現地語でマンゴーの意味）の木が生えていた。しかし、コラ（葉の意味）ばかり茂らせ、全然実を着けなかったので、コランバと呼ばれるようになった。それをヨーロッパ人たちがコロンブスの栄誉を称え、地名のコロンボに転化したのである。

R.ノックス「セイロン島誌」

過去二十年間にわたり、わたしの人生は、3つのS─宇宙（Space）、セイロン（Serendip）、そして海（Sea）─に支配されてきた。

アーサー・C.クラーク「スリランカから世界を眺めて」

第三章 感覚への旅　99

## 文学の旅

　マーティン・ウィクラマシンハは、イギリス植民地時代の
セイロンを舞台にした３部作を書いている。同時代の作家、
エデリヴィーラ・サラッチャンドラによるセイロン男性と日
本女性の心模様を描いた小説は、スリランカで広く読まれて
いる。

小さなこんもりとした森の向こうに大きな家屋敷がある。
その壁は二フィートほどの厚みがある。古びて焦茶色になっ
たパラミツの框と窓も。この壁に釣り合うように丈も太さ
も破格であり、頑丈である。ベランダの屋根を支えるパラ
ミツの支柱は子供の両手で抱えきれないほどの太さで、
その垂木は、当時の地方税務長官の館の梁と比べても
見劣りしない。オランダ人がセイロンの沿岸地帯を放棄
する以前の建物とでもいうべきこの家屋敷の住人の家系
は古く、彼らは強靭な一族の末裔である。

マーティン・ウィクラマシンハ著
野口忠司／縫田健一訳「変わりゆく村」

日本に於て伝統的な文化の重みを絶やさず継承してい
るのは女性であると私は感じた。古の歌人が読んだ如
く、嫋やかに垂れ下がる柳の枝のように日本の女性はな
んと佳麗にその重みを支えていることか…

エディリヴィーラ・サラッチャンドラ著　野口忠司訳「亡き人」

# 映画の旅

映像はそれが撮られた時代の記録でもある。ストーリーだけでなく、スリランカの街並み、鉄道、車、木々、人々の服装、食生活などをリアルに体感することができる。

### 運命線　1956年　監督：レスター・ジェームズ・ピーリス

スリランカ映画の巨匠レスター・ジェームズ・ピーリス監督の最初の劇映画と言われる。病気を治す力があると予言された少年と村の人たちの物語。

### スリランカの愛と別れ　1976年　監督：木下恵介

経済水域200海里時代を迎え、モルディブに鰹節工場を建設するためスリランカに出張した日本の商社マンの恋愛が鮮やかなカラー映像で描かれている。内戦前の豊かな時代のコロンボの街の様子やベントータの美しい海、ヌワラエリヤの高原が映されている。

### 蓮の道　1987年　監督：ティッサ・アベーセカラ

原作は、スリランカを代表する小説家、マーティン・ウィクラマシンハによる同名の小説。主人公は、古い生活習慣に疑問を感じながらも自らの生き方を求める。1920〜50年代にかけてのスリランカが舞台となっている。

### マザーアローン　1997年　監督：スミトラ・ピーリス

スリランカ初の女性監督スミトラ・ピーリス監督の作品。裕福な家庭に生まれた主人公は、親が決めた結婚相手に納得できず、別の男性の子供を身籠もる。イギリス植民地時代の物語。

### カンダック・セーマ　2014年　監督：梨本諦鳴／アソーカ・アタウダヘッティ

第27回にいがた国際映画祭で公開された日本・スリランカ合作映画。新潟県燕市生まれの梨本監督が、新潟に嫁に嫁いだスリランカ女性の結婚生活を新潟の美しい自然を背景に描く。

### ディーパンの闘い　2015年　監督：ジャック・オディアール

第68回カンヌ国際映画祭で、最高賞のパルムドールを受賞した作品。内戦下のスリランカを離れ、フランスにわたるため、兵士と女性と少女が出会い、偽装家族となる。主人公のディーパンを演じた俳優は、実際にスリランカ内戦の元兵士である。

第四章　世界遺産への旅

## アヌラーダプラ

Anuradhapura

文化遺産：1982年登録

ルワンウェリサーヤ大塔／アヌラーダプラ三大仏塔の1つ。仏塔のことをスリランカ語でダーガバ、サンスクリット語でストゥーパと呼ぶ。日本の卒塔婆の由来でもある

　ブッダの菩提樹が2000年間、葉を茂らせる古都である。紀元前3世紀、インドのアショーカ王の娘が、ブッダが悟りを開いた聖地ブッダガヤの菩提樹の枝を手にスリランカを訪れ、アヌラーダプラの地に植えたと言い伝えられる。最古の寺院マハーヴィハーラには、お椀を逆さにした形のルワンウェリサーヤ大塔がそびえる。建立時、この仏塔は高さ100m、てっぺんには巨大な宝石が光り輝いていたといわれる。

　スリランカの国を興したシンハラ王朝の都として、仏教の中心として1000年栄えたアヌラーダプラは、11世紀タミル人のチョーラ王朝がシンハラ王朝を撃退することによって歴史の舞台から姿を消す。その栄華と人々の記憶は、18世紀この地がイギリス人に発見されるまで熱帯の密林に覆い隠されたのである。

　今日のアヌラーダプラを訪れると、木陰で涼む、女性たちの白いサリーの正装が光に揺れて眩しい。ブッダと同じく裸足で寺院の石畳を歩いている。スリランカの人にとって、アヌラーダプラは観光地ではなく、いまも参拝の地であり、聖地でありつづける。

コロンボから鉄道で4時間、バスで5時間。観光客の多くは、コロンボやその他の町から車をチャーターする。

第四章 世界遺産への旅　105

マハー菩提樹／世界最古のブッダの菩提樹。インドの聖地ブッダガヤの菩提樹は長い歴史の中で幾度も枯れている。現在のブッダガヤの菩提樹は、ここアヌラーダプラの木が植樹されたもの

トゥーパーラーマ塔／ブッダの右の鎖骨を秘蔵しているといわれる。紀元前3世紀に建立

イスルムニヤ精舎／紀元前3世紀、スリランカに仏教を伝えたマヒンダ長老の元に出家した500人の修行僧が生活した石窟寺院

アバヤギリヴィハーラ／5世紀の中国の高僧、法顕は、アバヤギリヴィハーラに5000人の僧がいたと記している。写真はその沐浴場。アバヤギリヴィハーラは、大乗仏教の中心として栄えたが、12世紀スリランカの仏教が上座部に統一される歴史の中で滅亡した

第四章 世界遺産への旅 107

# ポロンナルワ

Polonnaruwa

文化遺産：1982年登録

　シンハラ王朝が、ポロンナルワの地に遷都したのは11世紀。世界の仏教都市の誕生は、カンボジアのアンコール遺跡が12世紀、タイのアユタヤ遺跡が14世紀なのでそれより前である。歴代の王は、何代もかけて、ここに仏教の都と「海」をつくった。ヒンドゥー教のチョーラ王朝を撃退し、全島を再び統一した証として仏教を再興させ、南アジアを代表する仏教都市を築き、中世スリランカ美術を花開かせた。

　12世紀後半、王は灌漑設備を充実させ、都の西に南北9kmにも及ぶ貯水池を完成させた。人々は、貯水池の巨大さに驚嘆し、パラークラマ・サムードラ（パラクラーマの海）と呼んだ。王がつくった「海」は、約800年後のいまも人々の暮らしを潤す水源となっている。

　ブッダの歯である仏歯が王の象徴として重視されるのはポロンナルワ以降のことである。アヌラーダプラに都があった時代は、聖なる菩提樹が王の象徴であった。12世紀以降、仏歯には雨を降らす力があるという信仰と、仏歯をもつものがシンハラの王の継承者であるという考えが広まり、都が移動するたびに仏歯も移動することになる。

ラトナギリ・ワタダーゲ／ポロンナルワ遺跡を代表する円形の仏塔。四体の仏像が四方を向いて座している。階段下の半円の踏み石はムーンストーン。裸足でこの石を踏むことで足を清める

コロンボから鉄道で5時間、バスで5時間。駅から遺跡までは距離があり、観光客の多くは、主要都市から車をチャーターする。

第四章 世界遺産への旅　109

ガルヴィハーラ／自然の岩を彫りだした四体の仏像がある。最大のものは全長13メートルの涅槃像。その隣にはブッダの弟子アーナンダの立像がある。他の二体は仏坐像

ニッサンカマッラ閣議場／もともとは屋根がかけられていたが、現在は石柱だけが残る。石柱には大臣の役職名が刻まれ、座る席を示していたといわれる

蓮の池（ネルン・ポクナ）／蓮の花をかたどった僧侶たちの沐浴場

ウェジャヤンタパーサーダ宮殿／ポロンナルワに巨大な貯水池をつくったパラークラマバーフ1世の宮殿。1000の部屋をもつ、7階建ての宮殿だったといわれる

第四章 世界遺産への旅 111

# シーギリヤ

Sigiriya

文化遺産：1982年登録

シーギリヤ／ポロンナルワの西20キロメートルの地にある。カッサパ1世によって宮殿が建てられる前は、僧院があったとされる

シーギリヤとは、シンハラ（獅子）ギリ（岩）。鬱蒼とした密林の中に突き出した高さ180mの岩山は獅子の姿に見えたのだろう。野獣の腹には穴のあいた岩窟があり、そこには十数体の官能的な天女の壁画が描かれる。5世紀、スリランカ美術の最高傑作シーギリヤレディ。天女たちは、ふくよかな乳房をあらわにした姿で、手に持った蓮の花びらを雨のように散らしながら妖艶に微笑む。

ここには5世紀の王カッサパ1世の居城があった。父を殺して王位を奪った彼は、弟の復讐を恐れ、この断崖の地に宮殿をつくった。一説では、カッサパ1世は、父が夢見ていたシーギリヤの宮殿を完成させることで父を供養したと言われる。平穏な日々は短かった。完成から十数年後、弟に岩山を包囲され、カッサパ1世は自害する。

シーギリヤは、1831年、イギリスのフォーブス少佐がこの地を訪れたことで紹介され、イギリス統治下のセイロン考古局長ベル氏の調査によって、岩窟に潜むシーギリヤ・レディが発見された。コロンボ国立博物館では修復前の発見当時に近い壁画の模写を見ることができる。

コロンボからダンブッラまでバスで5時間。シーギリヤ行きのバスに乗り換えて45分。アクセスを考え、ダンブッラとセットで、ツアーを組まれることが多い。

第四章 世界遺産への旅　113

ライオン・テラス／シーギリヤレディの壁画を過ぎ、さらに登ると岩山の中腹にテラスが現れる。ここに巨大な城門があり、ライオンの両前足、胴、口の奥を抜けて、頂へと続く階段があったと言われる

19世紀末のシーギリヤ：初代セイロン考古局長ベル氏（H.C.P.Bell）によって調査が行われた

シーギリヤレディ／伝説では、岩山の回廊に500体もの天女の壁画が描かれていた。粘土や椰子の繊維を混ぜたものを下塗りし、その上に漆喰を塗り、卵白などを混ぜた顔料で描かれたと考えられている

頂上の宮殿／頂上の広さは、南北約180メートル、東西約100メートル。王と王妃のためにつくられた

第四章 世界遺産への旅　115

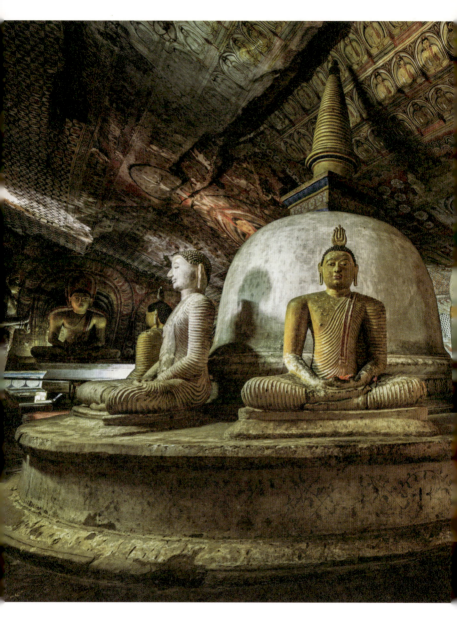

# ダンブッラの黄金寺院
Dambulla

文化遺産：1991年登録

2つの古都アヌラーダプラとキャンディを結ぶ道路沿いに現れる巨大な岩山。その中腹にダンブッラの寺院がある。紀元前1世紀シンハラ王朝のワッダガマニー・アバヤ王はタミル民族の侵入から一時的に逃れ、修行僧が住むダンブッラの石窟に身を隠した。この時に造営されたのが起源とされる。以来、2000年以上、歴代の王によってダンブッラの寺院は整備されつづけ、今日の姿を残している。

石窟は全部で5つ。第一窟は神々の王の寺院、巨大な涅槃仏が祀られる。第二窟は偉大な王の寺院、約50体の仏像が安置された最大規模の石窟。ダンブッラとは水の湧き出る岩という意味で、第二窟の天井からはいまも水が浸み出している。第三窟は新しい寺院、第四窟は3人の王の寺院、第五窟は2番目の新しい寺院と呼ばれている。

第二窟／ダンブッラの寺院で最大規模。紀元前1世紀ワッダガマニー・アバヤ王が造営し、12世紀ポロンナルワ最盛期ニッサン・カマッラ王が多くの仏像を制作したと言われる

コロンボからバスで5時間。鉄道でのアクセスはない。観光客の多くは主要都市から車をチャーターする。

第四章 世界遺産への旅　117

第一窟／足の裏が赤く塗られているのはスリランカの涅槃仏の特徴。シンハラ王朝の始祖であるインドのヴィジャヤ王子が、スリランカの土を踏んだ時に手足が赤く染まったという伝説に由来する

黄金寺院への登山口／石窟へは、ここから岩山への長い階段を登る

回廊／第一窟から第五窟までは白い回廊で結ばれている。石窟内の荘厳な風景とは対照的に色のない質素な空間になっている

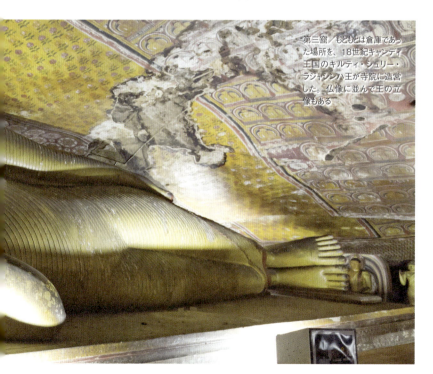

第三窟／もともとは倉庫であった場所を、18世紀キャンディ王国のキルティ・シュリー・ラジャシンハ王が寺院に造営した。仏像に並んで王の立像もある

第四章 世界遺産への旅　119

# キャンディ

Kandy

文化遺産：1988年登録

ペラヘラ／かつては松明の薄明かりの中、黄金や宝石で飾りたてられた象が行進した。祭りの時期は、各地から僧侶や巡礼者が古都キャンディに集まる

キャンディの地名は、シンハラ語のカンダ・ウダ・ラタ、山上の町に由来する。緑に包まれた高原都市は、1851年イギリス軍によって陥落されるまで約250年間、シンハラ王朝最後の都として栄えた。当時の建物の大半は失われたが、エサラ月（7～8月）に催されるペラヘラの祭では、民族衣装を身につけた踊り手とともに仏歯を背にした象が行列し、かつての栄光を蘇らせる。

仏歯は、4世紀インドの王女によって当時の都アヌラーダプラにもたらされ、16世紀キャンディの都に運ばれ、1603年仏歯寺が建立された。その後、植民地時代には、ポルトガルが持ち出そうとしたり、イギリスが支配のシンボルとして持ち去ろうとしたが、返還され、現在は仏歯寺に祀られる黄金の仏舎利の中に納められている。

ペラヘラは、5日間ずつ3つの期間に分けられ、象が街中を歩くのは2番目のクンバル・ペラヘラから。日を追うごとに行列は美しく派手になり象の数も増えていく。3番目のランドーリ・ペラヘラの最終日は満月の夜、約100頭もの象が行列を連ねる。

コロンボから116km。鉄道またはバスで4時間。町の中心部と駅の場所が離れているので、車をチャーターする観光客が多い。

第四章 世界遺産への旅　121

仏歯寺（外観）／1603年建立。目の前にあるキャンディ湖は、シンハラ王朝最後の王が19世紀初めに造った。八角堂は王の休憩所として建てられ、現在は図書館となっている

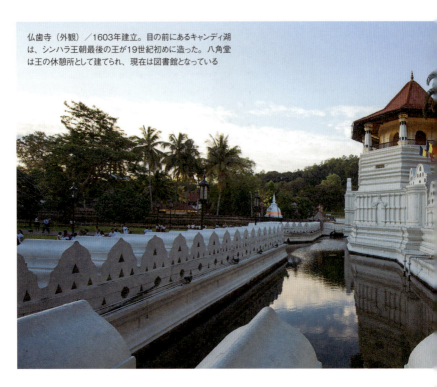

18世紀の衣装／キャンディ王国の王族たちのコスチューム

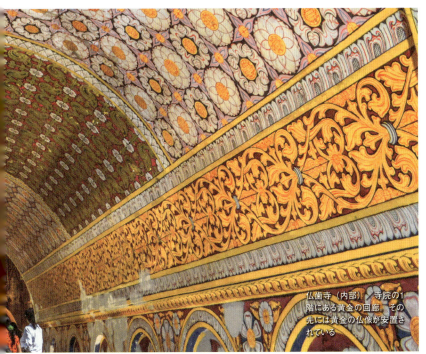

仏歯寺（内部）　寺院の1階にある黄金の回廊。その先には黄金の仏像が安置されている

第四章　世界遺産への旅　123

# ゴールの旧市街
Galle

文化遺産：1988年登録

　ゴールは、コロンボに地位を譲るまでスリランカ第一の港であった。古くからアラブの海上交易の拠点として栄えたが、16世紀初頭ポルトガル艦隊が偶然に漂着したことにより、長い植民地の歴史がはじまる。ポルトガルはシナモン交易の拠点としてゴールを、その後はオランダがポルトガルを征圧、強固な要塞を築きあげた。18世紀末、支配者はイギリスに移る。まさに歴史に翻弄された街と言える。

　イギリス統治時代、ゴールは旅客船の寄港地としても栄えた。明治時代、日本の岩倉使節団が立ち寄った記録も残る。フォートと呼ばれる要塞に囲まれた地区には、教会、銀行、病院などオランダ統治時代のコロニアル建築が多く残っている。

ゴール要塞／城郭からは3つの稜堡が突き出している。これは大砲からの攻撃の死角をなくすためにつくられた。オランダ軍は、3つの稜堡をスター、サン、ムーンと名付けた

車をチャーターし、コロンボから高速道路を使えば2.5時間。バスまたは電車では4時間かかる。

第四章 世界遺産への旅　125

ゴール要塞の灯台／ゴールの南端にある灯台。南の方角は、南極まで大陸はない

旧市街の城門／旧市街に入るための狭い城門。掲げられているのはオランダ東インド会社の紋章

メーラモスク／オランダ統治時代に建てられたモスク。ゴールの旧市街には、ムスリムが多く暮らしている

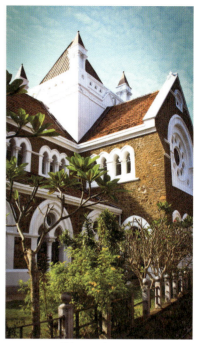

オール・セインツ教会／イングランド国教会のチャーチ

第四章 世界遺産への旅　127

写真提供：スリランカ観光局

# シンハラジャ森林保護区

Sinharaja Forest Reserve

文化遺産：1988年登録

位置：スリランカ南西部
面積：8,864ha
標高：300〜1,170m
年間平均気温：23.6度
年間降水量：2500mm以上

＊エリアが広いので事前にガイドと相談が必要。

セイロンサンジャク Sri Lanka Blue Magpie.／スリランカを代表する野鳥。スリランカにしか生息しない固有種

アオガオバンケンモドキ Red-faced Malkoha.／シンハラジャ森林保護区では、147種の鳥の生息が記録されている

　シンハラジャは生物多様性の森である。ゴールやラトナプラからもそれほど離れてはいないが熱帯の原生林が人々の侵入を妨げてきた。この森林保護区には、スリランカ全島の植物固有種の約64％（139種）、動物や昆虫は50％以上、特に鳥類は95％（19種）が確認されている。年間を通じて雨が多く、乾季のある自然公園エリアとは違い、葉が常に鬱蒼と茂るため、野生動物を発見するのは難しい。

第四章 世界遺産への旅　129

アダムスピーク／この自然遺産は、3つの区域からなる。その1つ、ピーク・ウィルダーネス保護区内には、アダムスピークと呼ばれる仏教徒、ヒンドゥー教徒、イスラム教徒、キリスト教徒に共通する聖地がある

写真提供：スリランカ観光局

# スリランカの中央高地
### Central Highlands of Sri Lanka

自然遺産：2010年登録

＊エリアが広いので事前にガイドと相談が必要。

位置：スリランカ中央高地
面積：56.84ha
標高：約1000〜2500m
区域：ピーク・ウィルダーネス保護区、ホートン・プレインズ国立公園、ナックルズ保護森林

130　THE BRIDGE BETWEEN SRI LANKA AND JAPAN

カオムラサキラングール western purple-faced langur（ユネスコ記載）／スリランカの固有種。木の葉を食べる。世界で絶滅が危惧される霊長類25種に含まれる

スレンダーロリス the Horton Plains slender loris（ユネスコ記載）／この世界遺産の区域である、ホートン・プレインズ国立公園の名前がつけられている

スリランカヒョウ Sri Lankan leopard（ユネスコ記載）／世界遺産の区域外だが、スリランカのヤーラ国立公園では遭遇するチャンスが高いと言われる

　スリランカ高地は標高が高く、年間を通じて冷涼である。そこには絶滅が特に危惧される霊長類やヒョウが暮らす。ユネスコ自然遺産の登録理由にはカオムラサキラングール、スレンダーロリスという霊長類、スリランカのみに生息するヒョウの名前がある。人間の前に姿を現さなくても、深い森のどこかにかれらは暮らしている。

第四章 世界遺産への旅　131

# 謝辞

本書刊行にあたり、駐日スリランカ大使、ダンミカ・ガンガーナート・ディサーナーヤカ閣下
のご支援をいただき心から感謝いたします。また寄稿並びに貴重な資料の提供、取
材協力を賜りました方々に深く御礼申し上げます。ばんせいグループは、スリランカと日
本の文化を結ぶ架け橋となり、両国への相互理解を深め、お互いの発展に寄与する
ため尽力してまいります。

Prof. Dammika Ganganath Disanayake

隈研吾 氏

粗信仁 氏

石川秀樹 氏

Mr. Sunil Wickrama

J.R. Jayewardene Centre Colombo

The Embassy of Sri Lanka in Tokyo, Japan

The Houses of Parliament of Sri Lanka

Mr. Satoru Suzuki

蔦原佑矢 氏

Geoffrey Bawa Trust

スリランカ政府観光局

スリランカ航空

Mr. Chanuka Thiyambarawatta

株式会社セイロンタイム

三井建設株式会社

細野晟史 氏

近藤秀次 氏

株式会社アトリエ・プラン

高橋宗正 氏

134 THE BRIDGE BETWEEN SRI LANKA AND JAPAN

# 参考文献

『熱帯建築家 ジェフリー・バワの冒険』隈研吾・山口由美著 新潮社 2015年

『解説 ジェフリー・バワの建築』岩本弘光著 彰国社 2016年

『世界現代住宅全集07 Geoffrey Bawa』二川由夫著 エーディーエー・エディタ・トーキョー 2010年

『バワの建築思想における'life'の意味』高取愛子・朽木順綱・高松伸著 日本建築学会 2011年

『スリランカ国会議事堂 ジェフリィ・バウワー』翁村和男・桜井健著 新建築 1982年

『ベントータ・ビーチ・ホテル ジェフリィ・バウワー』翁村和男・近藤秀次著 新建築 1982年

『The Japanese Peace Treaty』スリランカ民主社会主義国総領事館 大阪吹田

『国会ニュース』駐日スリランカ大使カルナティラカ・アムヌガマ閣下2004年

『再生日本国の大恩人スリランカ共和国ジャヤワルダナ大統領覚書き』秋山平吾著 1983年

『JASTECAの成功とこれから 日本式経営と産業人材育成』粗信仁著 政策研究院 2017年

『特別展スリランカ輝く島の美に出会う』東京国立博物館・読売新聞社編 読売新聞社 2008年

『週間ユネスコ世界遺産 第93号 聖地キャンディ』講談社・エイジャ編 講談社 2002年

『NHK 美の回廊をゆく』NHK取材班ほか著 日本放送出版協会 1991年

『象の巡行 スリランカ古都キャンディのペラヘラ祭』鈴木正崇著 季刊民俗学 1981年

『スリランカの石窟寺院』並河万里著 芸術新潮 1976

『アヌラーダプラのダーガバ群』那須武彦著 新建築 1982年

『セイロンの美術 シーギリヤ』副島三喜男

『スリランカにおける演劇史と日本の伝統演劇の影響について』

クラティカ・クマーラシンハ著 国際文化日本研究センター 2013年

『スリランカにサルを訪ねて』辻大和著 霊長類研究 2007年

『シンハラージャの森 ユーカリの森 そして』粗信仁著 北海道大学農学研究院

『こめとほとけとナショナリズム』山田英世著 桜楓社1974年

『スリランカの自然と作物栽培』川島・ドルウィーラ著 農業および園芸 2012年

『スリランカ・キャンディ地域の伝統的炊飯方法』小林正史著 北陸学院大学 2013年

『大使の食卓拝見 スリランカ』横井弘海著 世界週報 2001年、2003年、2005年

『旅で出会った世界のお茶 スリランカのお茶』川谷眞佐枝 茶 2017年

『カツオの食べ方 モルディブ・スリランカと日本の比較』河野一世 味の素食の文化センター 2005年

『IN SEARCH OF BAWA』David Robson Laurenceking

https://archnet.org
http://www.mysrilanka.com
http://exploresrilanka.lk
http://www.cinela.com
https://ja.wikipedia.org

［写真提供］

スリランカ政府観光局

スリランカ航空

J.R. Jayewardene Centre Colombo

新潮社

近藤秀次（エーエー アンド サン一級建築士事務所）

南アジア遺跡探検調査会

高橋宗正（P10-11,13）

Satoru Suzuki（P20-21）

Sunil Wickrama

南原佑矢

Geoffrey Bawa Trust

Chanuka Thiyambarawatta

Alamy（P71, 106, 107, 110, 111, 118, 129）

Amana（P107, 118, 119）

Getty imeges（P20, 21, 73, 104-107, 110-114, 116, 117, 119, 122-127, 131）

Suttterstock（P79, 108, 109, 126, 127）

Pixta（P129）

# 錫蘭島 スリランカ

*The Bridge of Culture*

vol. 01 セレンディピティに出会う

**企画・総合監修**

株式会社ばんせい総合研究所

**執筆**

隈研吾

粗信仁

石川秀樹

**デザイン**

塚原敬史（trimdesign）

©ばんせい総合研究所 2019

ISBN978-4-86659-089-9 C0026

錫蘭島 スリランカ *The Bridge of Culture*

vol. 01 セレンディピティに出会う

発行日　　　2018年9月14日　　初版第1刷発行
　　　　　　2021年8月2日　　　初版第3刷発行

発行・発売　創英社／三省堂書店
　　　　　　東京都千代田区神田神保町1-1　〒101-0051

印刷・製本　三省堂印刷

乱丁・落丁本はお取り替えいたします。

本書をコピー、スキャニング等の方法により無許諾で複製することは、
法令に規定された場合を除いて禁止されています。
請負業者等の第三者によるデジタル化は一切認められていませんので、ご注意下さい。